Panóptico
MORALES MONTERRÍOS

COLECCIÓN LETEO

eolas
ediciones

Esta obra ha sido galardonada con el
VI Premio de Poesía Fundación MonteLeón
que otorgó el jurado compuesto por
Valeria Sandi Pena, Matteo Lefrévre y Rafael Saravia

© Morales Monterríos, 2025

© de esta edición: Eolas ediciones
en colaboración con Club Cultural Leteo

www.eolasediciones.es · www.clubleteo.com

Dirección editorial:
Héctor Escobar

Coordinador de colección:
Rafael Saravia

Diseño de cubierta:
Javier Arce

Ilustración de cubierta:
Joaquín Olmo

Maquetación:
Alberto R. Torices

Imprime:
Safekat S. L. (Madrid)

ISBN: 979-13-87753-44-3
Depósito Legal: LE 420-2025

Panóptico

VI Premio de Poesía Fundación MonteLeón

Serie Azul de Metileno

Dedicado al poeta
Antonio Gil Íñiguez

En los campos de la realidad,
cada hoja es una página intacta
ansiosa por absorber la tinta de la observación.
La vaca, serena, pasta en praderas interminables,
alza su imponente cabeza
y, mugiendo, se convierte en el centro:

Cien miradas, cien perspectivas del mismo instante:
la única realidad.

Pero Argos, al parpadear, pierde un fragmento.
En esa grieta mínima,
las preguntas se vuelven manchas,
abriendo fisuras por donde
la astuta vaca escapa de su perseguidor.

OVIDIO, *Metamorfosis*

I. POTRERO DE LAS APARIENCIAS

(1-16)

1

Para ella, si es verde y crece junto a los yuyos,
lo comerá.
Pero una nube puede colarse en sus manchas negras
y llover dentro de su piel otro universo,
donde los pastos interminables pierden su límite.

Cada mordisco crea un entrelazamiento:
las moléculas del pasto vibran,
el aroma de hierba mojada asciende,
y en su estómago, el infinito fermenta.

Ella no sabe qué es una vaca,
no sabe que, dentro de su cuerpo,
una nube gotea un universo tras otro.
Llueve,
y dentro de ella caen todas las vacas posibles.

Argos no puede entender qué es una vaca.
Si es blanca y crece junto a una mancha negra,
huirá,
como si las manchas fueran signos
de un lenguaje que desaparece
justo antes de ser leído.

Nada escapa a los ojos de Argos,
un observador que abarca el espacio entero,
cien ojos devoran cada color,
mapeando cada instante
sobre una red suspendida de puntos ciegos.

Pero, ¿quién observa al observador?

Argos ha llenado los vacíos con matices falsos,
convencido de que la perspectiva es real,
una ilusión que lo atrapa en su propio reflejo:

la soledad del color blanco.

Parpadea:
rompe la luz estrellándose
contra el color negro.

La materia, al huir de sí misma, se deforma;
abre un espacio no observable,
donde solo persiste un toro sin manchas:
la vaca.

Desde entonces las estrellas mugen.

El cielo, potrero estampado,
se curva en signo de interrogación;
la vaca se desliza por su túnel.

La materia huye de sí misma y deja un lenguaje sin
    tachadura:
la vaca del vacío.
Gira sobre su eje, muda y sin piel;
pastorea la nada que la contiene.

La noche ronca; el viento hojea páginas en blanco.
La vaca dormita: grieta perfecta,
sueña lo desconocido.

A lo lejos, vibra un cuchillo,
afilando su metal con memoria de pasturas.

8

El pelaje conserva epitafios escritos en cuero:
cada mancha firma su propia desaparición.

Humo.

La palabra, saturada de signos, desborda la marca.
El hierro la marca: arde el cuero de la bestia.

H u m o .

Cuatro kilos de latido:
el corazón bombea praderas invisibles.

Frigoríficos a −18 °C:
ganchos en S sostienen constelaciones de grasa;
las lágrimas se escarchan como planetas abandonados.

En la cámara de frío
cuelgan vacas invertidas;
la grasa gotea estrellas muertas
sobre nervios tensados.
Un aliento polar sella los mugidos.

Su lengua, desplomada, barre el mundo,
como si aún buscara un adjetivo.

La carne al vacío pronuncia
o.
Sella el aire.

13

La lengua arrancada del verbo
lame la sombra del mugido.

El rey-carnicero viste piel manchada:
su corona es cuchillo que atraviesa la noche.

El mugido rompió la barrera del sonido:
1235 kilómetros por hora.

En su interior,
una palabra:

«Silencio».

Silencio: potrero sin vacas;
la hierba aprende a hablar en voz baja.

II. LÁGRIMA EN ESPIRAL

(17-28)

La vaca se mira
en el filo gastado del cuchillo.

El matarife observa su rostro
en el ojo vidrioso del animal.

Por un instante,
ambos reflejos convergen:
dos luces que tiemblan,
suspendidas al borde de la ausencia.

El brillo se desvanece.

El ojo en el ojo
se apaga.

Silencio.

Topa su cabeza
contra los nudos de una higuera:
árbol imaginario que avanza a tientas,
muerde un higo
que nunca existió.

La vaca es ciega.

El cencerro, su único ojo,
resuena en la penumbra,
refleja una lágrima,
desarma la luz:

el día no pasa de ser
la costra superficial del mundo.

Cae de rodillas;
tumbada, se disuelve en sus manchas
mientras se pregunta:

¿Qué es la Noche?

Su leche negra
es ciega.

¿Acaso la pregunta misma
no es otra raíz interminable, sin tacto,
creciendo en lo oscuro?

Dentro de una lágrima no hay emoción,
solo agua, minerales, proteínas.

Menos del 1 % de una lágrima
es un aceite
que impide que la memoria de la gota se evapore.

No se confunde con una nube.

Cada lágrima es tu huella,
de un Argos desperdigado
que aún te busca.

En una nube en espiral tampoco hay emoción,
solo agua, minerales, estrellas.

Menos del 1% de esa materia
es un aceite
que impide que el ojo se evapore.

No se confunde con la atmósfera
ni con la galaxia.

Decir lo mínimo: en esa lágrima, todo el mar.

En la materia oscura no hay emoción:
un filo, un reflejo.

El mismo aceite sostiene
una vaca pastando en lo ilegible.

No se confunde con el lenguaje.

Ciega —ojos repletos de galaxias—, lame el filo del horizonte.

Tampoco la nada siente.
Solo interiores que se duplican sin fin.

Apenas un 1% de esta imagen
es piel
que sostiene los bordes mordidos del universo.

Este instante no la alcanza.
Huye.

(Metamorfosis del lenguaje)
26

La polilla gorgona
bebe lágrimas de pájaros dormidos.

La oruga extiende su seda:
una alfombra en la hoja de la higuera.
Se suspende y curva el cuerpo,
dibuja una *j* que respira por el punto.

Las letras la miran, asombradas,
sostienen el aliento,
como si el hilo abriese la boca del alfabeto
para decir una sola palabra: *caída.*

La rama cede, el hilo se tensa;
la palabra desciende; el sonido se triza:
signos incompletos que jamás tocarán el suelo.

La avispa perfora la cutícula de la oruga
e inyecta sus huevos.

Dentro, las larvas devoran lentamente al huésped:
un lenguaje que se descompone desde dentro.

Emergen, desgarran la cutícula,
cuelgan crisálidas sobre un cuerpo que aún respira,
y luego se dispersan.

La oruga morirá sin volverse mariposa.
En su último sueño, imagina
colores quebrados sobre flores deslumbrantes,
alas que existen solo en el borde de lo irremediable.

No sabe que guarda un alfabeto envenenado:
un código que devora sus sueños mientras escribe
su último poema de amor:
un vuelo que nadie leerá.

III. ANATOMÍA DEL CUCHILLO

(29-47)

El filo guarda la temperatura de la vaca.

El cuchillo —*LL*—
hunde su doble filo en el animal;
el alfabeto del matadero arrastra sus fierros.

El cuchillo
no alcanza a trozar su sonrisa.

Los códigos en su carne
no alcanzan a contarla:
cien cortes,
cien intentos
de abarcar lo inconmensurable.

Exhibida como una superestrella,
desnuda y hecha añicos,
la molida metáfora de lo absoluto
envuelta en papel marrón.

El cielo se curva
entre los dedos de quien
no sabe que la sostiene.

Cada tajo, una paradoja:
la carne sangra amor en los bordes,
como si la vaca siguiera mugiendo en el potrero.

Cada corte es un intento
de apresar la totalidad,
pero la carne al vacío sin carne
es otra cosa.

Un espejo hermético,
donde el tiempo queda atrapado
en una bocanada

—una palabra sin salida.

Ahora las fúnebres manchas de la vaca
no dicen palabra.

Los carniceros
lloran frente a sus nichos.

Las nubes, inmóviles,
son epitafios
sobre una tabla de cortar

escritos con sangre oscura.

La vaca ignora
que fue carneada,

rumia callada entre los yuyos;

deforma el espacio,

manchas aún gotean
otros mundos.

35

μ

La lengua no sabe
que ha sido separada del lenguaje.

Cortada en secciones —36.1, 36.2...—

Sigue lamiendo el aire,
saboreada por una carne
que ya no le pertenece.

36.1

La lengua separada del verbo.

Retiene la alfalfa, las gotas de lluvia
que deslizaba el horizonte.

37

Sus cuerdas vocales,
embutidas en la sal de otra lengua,
ignoran que «mugir» ya no les pertenece.

37.1

Aun así, ella pasea alegre
por prados que nadie ve,
sonríe a sus verdugos
mientras su carne es desmechada
entre los dientes de la Navidad:
Nochebuena.

37.2

La vaca se casa conmigo;
los invitados devoran la fiesta.
Al cortar la tarta,
la novia ha desaparecido.

Corazón: cuatro kilos,
2500 millones de latidos,
empujando lo interminable;

un solo tajo lo abre,
pero no logra descuartizar el amor.

Aurículas apiladas en una bandeja;
nada suena.
La aorta, desenrollada, se repliega
como un secreto que no encuentra lengua.

El resto del animal cuelga de ganchos en S,
rodando por rieles en H del frigorífico;
ensartado entre tendones y rótulas,
el mugido gotea por túneles de hueso.

Bajo los rieles, la sangre obedece una gramática.
Y griega: la forma del embudo. Drena el derrame.
Cada bestia deja su Y.
Desagua por cañerías hasta un estanque
desbordado de amor.

Sobre la tabla del carnicero,
las fibras de su carne dibujan
un mapa de praderas migratorias,
latidos transformados en geometría,
y un mugido palpita atrapado
en los túneles de hueso.

La H grita al borde del precipicio;
ha huido del lenguaje.

$$\{\phi\}$$

Carne al vacío = {{ ϕ }}:
sin pulso, sin voz,
pero ofrece su sombra devorable.

El vacío se curva,
se muerde a sí mismo.

Ahora el carnicero es un Rey,
le han puesto una piel en blanco y negro.

Muge, encorvado en su joroba,
su cabeza, pesada de recuerdos,
oscila como un péndulo.

Babea campanadas fúnebres,
derramando leche amarga sobre los adoquines.

Cada día muere de hambre,
persiguiendo una palabra que se desvanece
en la blancura interminable del papel,
como si el amor hubiera sido arrancado de su carne,
forjado en una corona de cuchillos.

El cuero de la bestia guarda el hierro de su nombre.

Un gancho en S balancea la noche.

46
{POEMA DE AMOR}

$MU fluctúa:
Los dientes de sierra M grafican el Mercado;
tajan hueso, médula, mugido;
nadie puja,
la curva del amor colapsa
tras la alambrada de números.

47
{POEMA DE AMOR}

$\phi = \{ \phi \}$
La hoja duerme.

IV. ESTAMPIDA NEGRA

(48-65)

Alfabeto ganado / ganado perdido

Chillido del riel contra el hueso:
una estampida de letras irrumpe.
Recién fileteadas, saltan del acero;
la banda de despiece se vuelve
oración fugitiva.

La página, potrero nocturno:
toro ciego que embiste la luz.

El animal es negro absoluto,
página saturada de palabras superpuestas,
aplastadas hasta fracturar el blanco.

Coma (,):
palabras pastan bajo la luna.

Las letras huyen como reses de grafito;
levantan polvo tipográfico.
El viento del ojo borra la huella.

Cada raya firma su propio epitafio,
un nombre que se borra en su propia mancha.

Aquí la luz se reconoce en lo que borra:
una raya negra.

Ranura sin signo □
adentro, carne sin firma.

Tanto silencio fermenta:
burbuja ⟶ **ruido** ⟶ letra

Tras la lluvia, la tinta olfatea la punta del lápiz.
Ladran perros de otros libros.
Puntos seguidos: *erraduras.*
La página muge.

Puntos suspensivos (…):
tres pezuñas hundidas en fango de grafito;
la frase rumia lo que no pronuncia.

Todo es boca: el cielo mastica la página;
la página muerde su hueso.

La lengua respira por sus cicatrices;
áspera, raspa el alfabeto.

Cada signo tensa una cuerda
en la garganta del lenguaje.

El lenguaje tantea su propia ceguera,
persigue la huella de una sombra improbable.

En el corazón de esa sombra imposible
una palabra, a tientas, huye del lenguaje.

Ahora la vaca es superficie proyectiva,
desnuda en los potreros del tiempo:
espacio sin bordes donde cada mancha abre un umbral.

Ya no existe:
queda su mapa, torcido por manos humanas,
modelado como un toro.

No recorre los campos, sino su sombra,
extendida en las redes de una esfera virtual.

En esta geometría de espejos
los potreros se curvan hacia la nada;
la verdad se muerde hasta hacerse polvo.

Hace millones de años que la vaca no está;
flota su silueta entre algoritmos,
vestigio suspendido entre lo perdido y lo creado.

Un mugido cruza el papel a velocidad cero:
la luz se entinta.

Z:
hachazo que cicatriza la página.

Las moscas dibujan un cero perfecto
sobre la blancura que agoniza.

El cero se abre: un agujero de tinta
devora al lector por los ojos.

La nada se corrige
y deja un borde en blanco.

V. MUGIDO BLANCO

(66-100)

Por las ranuras de la tabla de lavar,
se filtra el agua: memoria líquida.

Mi madre frota el jabón;
sus manos, arrugadas como el mar, repiten un ritmo
    antiguo
cuya orilla el agua intenta descifrar
antes de desvanecerse en el cubo.

En cada burbuja, el ojo de Argos se multiplica.
Un instante estalla:
una lágrima aprende a desaparecer.

El silencio, espuma que regresa al cubo.

Pan.
La masa levanta el cielo y cruje:
cada grieta, una galaxia recién horneada.

La luz se curva en el aroma.
Tus dedos tocan lo imposible.

En la corteza, el universo recuerda su textura.

68

[*párpado cerrado*]

ϕ

El lector, extraviado en la página en blanco,
se convierte en su propio captor.

Inclinada sobre el último poema,
la mirada oye cómo las manchas se vuelven espejo:
tu voz —invertida— la llama desde la tormenta.

Toca con la yema un signo aún imposible.

Ya no hay vaca: solo su sombra numérica,

$e^{i\pi} + 1 = 0$

pastoreando hierbas crecidas.

74

[números perdidos]

La página bosteza: un arco de cal viva.

¿Cómo
          las palabras
   abren fisuras

en el ojo que lee?

     Vibrando
              en los márgenes,
        despiertan el vacío.

El vacío.

     Lo empujan,
          lo empujan,
   a mirarse a sí mismo.

(¿Quién observa la grieta?)

El vacío sopla sobre las brasas de una sílaba:
humo que teje un ovillo,
un adiós en el techo del ojo.

Cada vez que pestañea,
la blancura extiende el páramo.

La página vuelve a ser potrero;
las palabras interminables pierden su límite.

Topa su cabeza contra el cerco del idioma
y se oye a sí misma mugir la curvatura.

Los números pastan en la llanura del cero;
solo el cero rumia la nada
con paciencia bovina.

La palabra
                    se desliza.

                    El lector
        tiembla.

Se rebelan —

                    ambos son
                    parte
                        del texto.

(No hay salida.)

96

El blanco late: membrana entre dos ausencias.

96.1

Tu olor a jabón y pan tibio no desaparece.

μ

En el borde del papel,
el mugido insiste,

te llama mi amor.

El vacío lo observa,
la palabra cae,
el lector cuelga de un gancho en S.

El libro se cierra,
el Silencio viste de blanco.

Epílogo

Muge por error:
la página se corrige.

La unidad del libro se asoma
y cae del borde:

$$\mathbf{I} = (\phi)^0$$

el amor regresa
al cero

                  sin marca.

El **Silencio** sonríe.

Índice

III. ANATOMÍA DEL CUCHILLO
(29-47)

IV. ESTAMPIDA NEGRA
(48-65)
Alfabeto ganado / ganado perdido

V. MUGIDO BLANCO
(66-100)

Otros títulos de la Serie de poesía

AZUL DE METILENO

~

Otros títulos de la Serie de narrativa

RELOJERO DE BANAGUÁS

Esta primera edición de
Panóptico
número 38 de la Serie Azul de Metileno,
se terminó de imprimir en los talleres
de Safekat (Madrid)
en octubre de
2025.